ロシアの可愛い指人形

井岡 美保

はじめに

Предисловие

奈良市内の奈良町という古い町並みの残る場所にあるカフェ兼雑貨屋で生計を立てているのですが、2020年のコロナ騒動でお店を休業しているところに編集の福永さんからメールが届きました。

「ターニャさんの指人形の本を出しませんか？」

以前から外国のかわいいものに関する本を数冊出版していて、もっとロシアのかわいい雑貨のことを紹介したい、その中でもターニャおばあちゃんが一人で作っている手編みの指人形の図録みたいなのが、いつかできたらいいなと思っていた私は、二つ返事でOKしました。

しかしきちんとうかがってみると、編み方の本がご希望とのこと。

ターニャは細い細い棒針を4本使って小さな指にすっぽりかぶさるお人形を作っています。その様を見ている私は、

「ちょっと普通の人が編むのは難しいと思いますよ。でもかぎ針のコマ編みならできるかも」

と提案しました。

「井岡さん、編めますか？」と福永さん。

小学校の時、手芸部だった私は編むのが嫌いでもないし、

「たぶん編めます」

と無謀にも返事をしました。

編み物の本なら編み図（編み物の設計図のようなもの）を載せた方が親切だなと思い、それを伝えると、

「井岡さん、描けますか？」

私は編み図を読むことはできるので、できないこともないかなと思い、

「たぶん描けます」

とまたまた無謀な返事をしました。

そんなこんなで始まった本作り、編み物の先生方からしたら「なんじゃこりゃ」のことと存じます。

この本はターニャというロシアに住む市井のアーティストが作り出した、指人形という素晴らしい作品の一部を紹介し、その中でも簡単に編めそうなものの編み方をお伝えする本です。素晴らしいターニャの指人形の数々、大好きなロシアのこと、そして編み物好きだった幼い頃の知識から読み解いた指人形と編み図、お楽しみいただけると幸いです。

もくじ
Содержание

ロシアに通うのは

初めてロシアに行ったのは、もう20年くらい前のこと。ウラジオストクから帰ってきた友人にもらったヴィンテージのポストカードがかわいくて。

海外旅行が大好きで旅行を仕事にしたいと思っていた私は、旅行会社に就職し、退職してからも輸入雑貨屋の友人についてヨーロッパを旅していました。

イギリスやフランス、東欧、北欧と巡りその中で出会った雑貨たちとは違う感性の、ロシアのポストカード。だんだんとマンネリになっていたかわいいもの好きのハートがくすぐられたのです。

初めて行ったウラジオストクは、ロシアでも極東に位置し、日本からは飛行機で3時間ほどという軍港のある街。詳しいガイドブックもなく、行き当たりばったり。日本では出会えない驚きがたくさんあって新鮮でした。そこから気持ちはエスカレートして、もっと色々な事に出会えそうな首都のモスクワへと足を延ばす事になりました。そして知らず知らずにこの国を訪れた回数、40回。

どうしてそんなにロシアに行くの?と、よく聞かれます。私もロシア雑貨が好きだからと言えばいいのですが、西欧諸国のものも北欧のものも大好きで、ロシアが一番とは言いがたいのです。私にとってのロシアの魅力は、そこに住む人々なのです。私の出会ったロシアの人たちだけなので、とても小さいかたよった世界ですが。

人々の幼い頃から身についたであろう自然と共存している感じ、植物や動物に詳しく仲良くしているさま、そしておおらかで細かいことにあまりこだわらなく愛情深い性格などが、私には居心地よく、足繁く通ってしまう理由だと思います。

何者かわからない日本人の私に

「ミホ、次はいつ来る?春?夏?何月?」

気軽に聞いてくれるその気持ちに応えて私も訪れ、また聞かれて訪れ、と、くさり編みのように繋がっていった私とロシアの人々とのご縁。本当に楽しいことだなぁと思います。

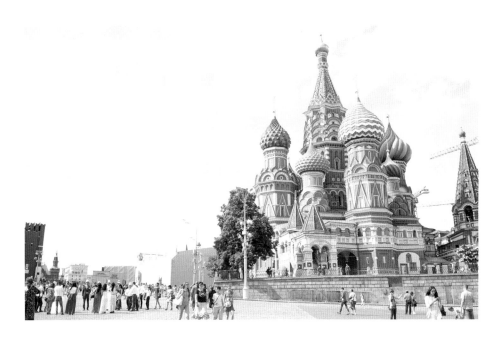

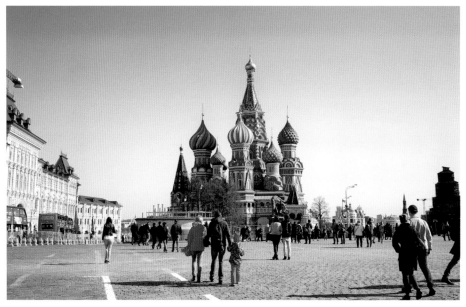

モスクワ赤の広場にある聖ワシリー大聖堂。毎日世界各地から観光客が詰めかけます。

ビーツという野菜で作ったスープ、ボルシチ。真っ赤でニンニクも効いていて温まる。

毎年冬の間だけ現れる赤の広場のスケートリンク。老若男女グングン滑ってて、楽しい。

モスクワのスーパーマーケットの牛乳のコーナー。可愛いパッケージとキリル文字。

モスクワ現代美術館「ガレージ」のエントランス。ゴーリキ公園の中にあるおすすめスポット。

ロシアの地下鉄のエスカレーターは、深くて速く傾斜も日本より険しい気がします。

モスクワの神現修道院の大聖堂。壁の色がとてもかわいい教会。

モスクワにあるロシア国立オブラツォフ記念人形劇場。幕間の元気でかわいい子供たち。

ロシア雑貨って

Сделано в России

みなさんが思っているロシア雑貨って、どんなでしょう。たぶん、入れ子式の人形のマトリョーシカや白樺の皮で作られたベレスタなどの手工芸とか、ロシア皇帝尊属の窯だったインペリアルポーセレンや白色と青色のコントラストの美しいグジェリ焼きなどの陶磁器類とか、ソ連時代のヴィンテージ雑貨とかでしょうか。私もマトリョーシカや陶磁器が大好きです。

自分でどんな雑貨が好きなのかを分析してみると、植物や動物がモチーフとしてデザインされているもの、色がかわいいもの、懐わいい（懐かしくってかわいい）もの。

ロシア人の作るものは、洗練されてなくて、余分なかわいさがプラスされています。合理的でなく、廻りくどくて、手がかかっている感じ。その分、愛情が掛けられている感じが私は気に入っています。

私たちが忘れてしまいそうな、誰かの笑顔のために作られている基本的な気持ちが入っている感じがしてほっこりするのでしょう。

ロシアはソ連時代から宇宙開発に力を入れてきました。ロシア人は宇宙のグッズが大好きで、たくさん販売されています。宇宙飛行士博物館の展示物でも欲しいものがいっぱいあります。

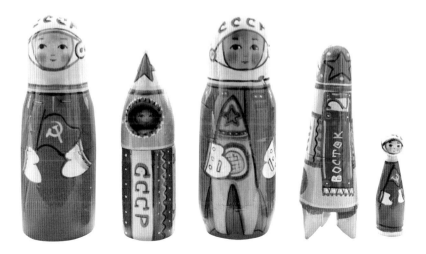

アンナ・リャボヴァさんのガガーリン（世界初の有人飛行を成し遂げた宇宙飛行士）のマトリョーシカ。

(01) (02) (03)

(04) (05) (06)

（01）〜（03）綿を接着剤で固めてペイントしたオーナメント。昔ながらの技法ですが、現在のもの。（04）ヴィンテージのプラスチックのジェドマロース。マトリョーシカ作家タマラさんが上から色を付けている。（05）ソ連時代の冬服の兵隊さんのソフビ人形。（06）ヴィンテージのポストカードやFDCはコレクター魂に火がつく。

(07)

(08)

(09)

(10)

(11)

(12)

(13)

(14)

（07）タマラさんの娘オリガさんのパステルカラーのマトリョーシカ。次の世代に継承されていくセンス。（08）皇室御用達だった
インペルアルポーセレンのハリネズミ。（09）ロシアの教会の形の手巻きオルゴール。（10）ヴィンテージのソフビ人形。昔のキャラ
クターの表情がかわいい。（11）アンナ・リャボヴァさんのイースターのエッグ。（12）鮮やかな模様と色のかわいいアルハンゲリス
クの木の箱。（13）白樺の皮でできた工芸品。ヘレンメの小箱。（14）とても暖かい手編みの靴下。色んなかわいい模様がある。

ソ連時代に作られた金属製のバッヂたち。アーミーものが多いですが、キャラクターものが大好き。

モスクワから列車で4時間ほどのニジニノヴゴロド地方のセミョーノフという町のマトリョーシカ工場。

木をカットして削る作業は男性、ペイントするのは女性の仕事。役割分担して出来上がっていきます。

壁の色やカーテンの色が優しい工場の室内。かわいいものを作るにはかわいい環境から。

お土産物市場

Вернисаж в Измайлово

モスクワの中心、赤の広場から地下鉄で20分ほどのところにあるヴェルニサージュという市場。
ロシアの工芸品などのお土産物が中心に売られています。一見すると宮殿か教会のような建物
が集まっていて、遊園地のように見えます。

それぞれの露店はログハウスのような丸太でできていて、いろんな民芸品やハンドメイドのもの、
アート作品、ヴィンテージ雑貨などなどが販売されています。

毎週土日にオープンしていて、同じブースに同じ人が立っているので、いつも自分のお気に入り
のお店に立ち寄ります。作家さんが自分で作って販売している人も多く、ちょっとしたお話をし
ながら買えるのも楽しいのです。

中心地のお土産物屋より安く買えるので、モスクワに行かれたらぜひ立ち寄っていただきたい
場所です。

マーケットへと続く坂道。お城のような外観。
中にも面白い建物のレプリカがたくさん。

お天気の良い日はキラキラして美しい。結婚式の撮影も
多くて、着飾った人たちをよく見かけます。

様々な露店が並ぶ蚤の市コーナー。
ソ連時代のポスターの複製したものが貼られています。

大きなチェブラーシカの壁掛けを自慢げに見せるおばさん。
手作りのものやユーズドのものがあります。

夏のある日。
木々の木漏れ日の中、ゆったりお買い物。

2階は蚤の市コーナー、1階はお土産物、
民芸品のコーナー。1日中いても飽きません。

ヴェルニサージュのアンナ・リャボヴァさんのコーナー。アンナさんの作ったものとヴィンテージのもの。

大きなマトリョーシカの横で記念撮影。

大きなマトリョーシカはお土産物のショップ。

ターニャさんとの出会い

Таня

ヴェルニサージュのお土産市場では、自分の作品を持って販売に来ている手工芸作家さんが多くいます。そんな中で市場の小道で立ったまま、たくさんの毛糸の手編みの指人形を手提げバッグに詰め込み、いくつかは指につけて笑顔で販売している女性がいました。

それがターニャです。最初の出会いからは15年くらいは経っているでしょうか。

ターニャは日本語はもちろん英語もわからず、私はロシア語がさっぱりです。お互いの言葉がわからないのに、かわいいものが好きという共通の気持ちだけで会話していました。ターニャには子供が3人いて末の娘が学校に通っているということ、住まいはモスクワ市内ではないということなど、わからないなりにも彼女の背景を知り、親交を深めていった気がします。

『おだんごぱん』や『おおきなかぶ』などのロシア民話や、チェブラーシカなどのロシアアニメのキャラクターなどの独創的な指人形は、それぞれとても細部まで丁寧に表現されています。猫の足にアイススケートのシューズがはかされていたり、女の子はビーズのネックレスを付けていたり、洋服の色の組み合わせの魅力的だったり、とてもとても感動しました。

彼女は市場の中で自分のブースを持っていなかったので、だいたい同じ場所に立っているのを頼りに、指人形を買ってお話するというのがモスクワ旅行の楽しみの一つになっていました。

別れそして再会

ある年のモスクワ訪問のこと、ターニャをその市場で見つけることができませんでした。次の年もその次も。これはきっと何かあったのだと思い、以前に（なぜか）もらっていた住所にロシア語で頑張って手紙を書きました。

今度のこの日に市場に行くので、いつもの場所にいて欲しいと。

手紙に書いた日付にその場所に行ってもターニャはいませんでした。私と同行の友人はガッカリしてトボトボ歩いていたところ、市場の門番のお姉さんが「イオカミホ」といったのです。私は聞き逃しましたが、友人が「今、イオカミホって言った」と気付いてくれて、その門番さんのところに行くと、ロシア語で名前と電話番号が書かれたメモを渡されました。

ホテルに戻り、とりあえず電話をしてみました。電話の相手は若い女性で、ターニャの娘だということ、今日の19時に地下鉄キエフスカヤ駅に来て欲しいということを、お互い拙い英語でしたが理解できました。

そして彼女の娘、マーシャと出会うことができ、ターニャは足が悪くなって、市場に行けなくなったことを知りました。

それ以後、ターニャとは再会でき、マーシャともメールの交換をし、仕事場やお家に伺って、指人形も買うことができています。

ターニャと娘のマーシャ。マーシャの自宅におじゃましたとき。

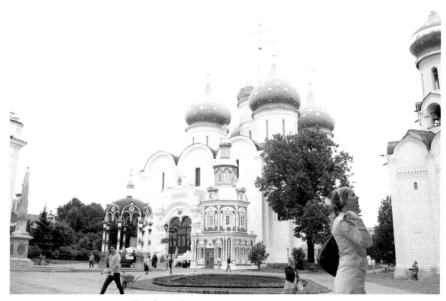

ターニャとマーシャが住んでいるのはセルキエフポザトという町。有名な美しい修道院があります。

ターニャのこと

Готовченко Татьяна Викторовна

ターニャこと、タチアナ・ヴィクトロヴナ・ゴトフチェンコさんは、ウクライナ生まれ。結婚を機にロシアにやってきた彼女は、男の子二人と末娘マーシャのお母さんで、彼ら三人の孫のおばあちゃんです。モスクワから電車で2時間ほどのセルギエフポサドという町に住んでいます。

工学を学び、技師の仕事をしていましたが、子供たちにお料理や裁縫、編み物を教える家庭科の先生をしていたこともあるようです。編み物は、母親や祖母から学んだそうです。

最初に指人形を作ったのは、マーシャの7歳の誕生日でした。指人形やその他のニットを地元のセルギエフポサドの修道院の近くで売り始め、そのうちにモスクワのヴェルニサージュの市場で売るようになりました。その売り上げは、マーシャの美大の学費にあてられました。

彼女の指人形に愛情を感じるのは、そういった優しさが溢れているからでしょう。

お料理が上手なマーシャの手料理でいつも迎えてくれます。ピロシキやブリヌイ、赤いジュースはモルス。

少－－ッとい ぶ、とザ ぃ。娘たち。ろんな美人です

ターニャの指人形

Пальчиковые куклы

ターニャの初期の作品。今とはずいぶん違います。

ターニャの指人形は極細の毛糸を細い編み針4本で小さな筒状に編んでいきます。指人形なので、指を入れる形にするためです。

その作品はどれも創造性が豊かで、彼女のもつセンスの良さ、技術の高さ、チャレンジ精神がうかがわれます。

常に新作を考え、楽しそうに披露してくれるのをみると、私も幸せな気持になります。

ターニャは今までに500以上の種類の指人形を作ったそうですが、今となっては写真も残っていないものがほとんど。ここではその一部を紹介します。

ターニャが一番のっていたときの作品。人魚姫やバーバヤーガなどどんどん新しい作品が生まれていました。

『三びきのこぶた』の1匹しっぽとママ。

孫娘たちのおもちゃのスタンドにたくさんの指人形を飾って。

ロシアアニメ『チェブラーシカ』

Чебурашка

ロシアの児童文学『ワニのゲーナ』に出てくるキャラクター、チェブラーシカがその人気から主人公になり、絵本として1960年代に販売され、その後ロマン・カチャーノフ監督によってパペットアニメとして映画化されました。2010年には日本で制作されたアニメ映画が公開されたので、チェブラーシカの存在をご存知の方も多いかも。

ロシアでは、日本の「サザエさん」か「ドラえもん」くらいに誰もが知ってるアニメで、子供の誕生日にはその挿入歌の「誕生日の歌」が歌われるほど。

ターニャの指人形でも1番の人気がチェブラーシカです。

ゲーナもレフチャンドルも素敵なお洋服を着ています。しかも指人形なのでしっかり指もさせます。

ん洋服の凍もレ　ンで仕上がりさいせシャバゴリッジ。バッグの中にはフリースカ（木ズミ）が。

ロシア民話

Русская народная сказка

イギリスの童話『3びきのくま』。

日本でもよく知られる『おおきなかぶ』や『おだんごぱん』は実はロシアのお話です。その他にも『マーシャとくま』『3びきのくま』などもきっと聞いたら思い出される方も多いのでは。そんな昔話のキャラクターがターニャテイストでかわいく表現されています。

左から『おおきなかぶ』　真ん中上『おだんごぱん』　右上『マーシャとくま』　下2つ『おおかみと七ひきのこやぎ』。

『赤ずきんちゃん』

Красная Шапочка

ロシアの赤ずきんちゃんは頭巾でなく、赤いお帽子です。オオカミの表情が1つずつ違うのも
楽しみの一つです。

POST CARD

料金受取人払郵便

小石川局承認

9109

差出有効期間
2021 年
11 月 30 日まで
（切手不要）

1 1 2 - 8 7 9 0

127

東京都文京区千石 4 -39-17

株式会社　産業編集センター

出版部　行

⣿⣿⣿⣿⣿⣿⣿⣿⣿⣿⣿⣿⣿⣿⣿⣿⣿⣿⣿⣿⣿⣿⣿⣿⣿⣿⣿

★この度はご購読をありがとうございました。
　お預かりした個人情報は、今後の本作りの参考にさせていただきます。
　お客様の個人情報は法律で定められている場合を除き、ご本人の同意を得ず第三者に提供する
　ことはありません。また、個人情報管理の業務委託はいたしません。詳細につきましては、
　「個人情報問合せ窓口」（TEL：03-5395-5311〈平日 10:00 ～ 17:00〉）にお問い合わせいただくか
　「個人情報の取り扱いについて」（http://www.shc.co.jp/company/privacy/）をご確認ください。

※上記ご確認いただき、ご承諾いただける方は下記にご記入の上、ご送付ください。

株式会社 産業編集センター　個人情報保護管理者

ふりがな
氏　名

（男・女／　　　歳）

ご住所　〒

TEL：

E-mail：

新刊情報を DM・メールなどでご案内してもよろしいですか？	□可　□不可
ご感想を広告などに使用してもよろしいですか？	□実名で可　□匿名で可　□不可

ご購入ありがとうございました。ぜひご意見をお聞かせください。

■ お買い上げいただいた本のタイトル

ご購入日：　　　年　　月　　日　　書店名：

■ 本書をどうやってお知りになりましたか？

□ 書店で実物を見て
□ 新聞・雑誌・ウェブサイト（媒体名　　　　　　　　　　　　　　　　）
□ テレビ・ラジオ（番組名　　　　　　　　　　　　　　　　　　　　）
□ その他（　　　　　　　　　　　　　　　　　　　　　　　　　　　）

■ お買い求めの動機を教えてください（複数回答可）

□ タイトル　□ 著者　□ 帯　□ 装丁　□ テーマ　□ 内容　□ 広告・書評
□ その他（　　　　　　　　　　　　　　　　　　　　　　　　　　　）

■ 本書へのご意見・ご感想をお聞かせください

■ よくご覧になる新聞、雑誌、ウェブサイト、テレビ、よくお聞きになるラジオなどを教えてください

■ ご興味をお持ちのテーマや人物などを教えてください

ご記入ありがとうございました。

ターニャの指人形の中でもとびっきり可愛い『三びきのこぶた』オオカミも一緒に。

ロシアのピノキオ『ブラチーノ』日本のものとはストーリーが少し違うのですが、全て登場キャラクターです。

ロシアアニメ

Мультфильм

　ターニャの指人形にはロシアアニメの作品も多く、私も知らなかったアニメを知るきっかけに
なりました。チェブラーシカのパペットアニメの監督ロマン・カチャーノフが作った『ミトン』。
一人の少女が犬を飼いたくて、赤いミトン（手袋）で遊んでいると、そのミトンがいつの間に
か子犬に。少女とかわいい赤い子犬、素晴らしい表現力です。

　他にもロシア版『ヴィンニー・プーフ（くまのプーさん）』、ロシアの宇宙飛行犬のアニメ『ベル
カとストレルカ』、そしてアニメではないですが、世界初の有人宇宙飛行を果たしたガガーリ
ン。ターニャの創作の発想はどんどん広がっていきます。

『ブレーメンの音楽隊』

Бременские музыканты

グリム童話の『ブレーメンの音楽隊』をもとにしているのですが、ロシアのアニメは全く違うお話です。ロックを弾きながら旅するブレーメンの音楽隊がある国のお姫様と出会って、というお話。ロバや犬がファンキーでかわいいですね。

『男の子とカルルソン』

Малыш и Карлсон

スウェーデンの児童文学作家リンドグレーンの『やねの上のカールソン』のお話のロシアアニメ版。鍵っ子の男の子と想像上の友だちカルルソンとのお話。カルルソンは背中にプロペラがあって、飛ぶことができます。泥棒が男の子の家にやってきたとき、シーツをかぶってカルルソンが撃退する様子を再現しています。シーツの下にちゃんとカルルソンが出てくるのも楽しいです。

うさぎ山ごんぞう

Гонзо

神戸の北欧雑貨店マルカさんの店長「うさぎ山ごんぞう」さんというぬいぐるみ（P43上）。私は
毎年マルカさんでイベントをさせていただいていて、あるときにターニャにお願いして、ごんぞ
うさんの指人形を作ってもらいました。「こんなの作って」と注文しても、快く引き受けてくれる
ところにもターニャの人柄と才能が現れています。

マルカさんのお店で店番する本物のごんぞうさん。貫禄があります。

ターニャが作ってくれた指人形のごんぞうさん。クオリティ高い！

民俗衣装

Национальный костюм

ターニャは一時期、ソビエト連邦時代の各地の民俗衣装を纏った男女の指人形をたくさん
作っていました。それぞれとても手が込んでいて、かわいくて私もお気に入りです。

冬のある日のお父さんと少女。

ロシアのサンタクロース「ジェドマロース」と孫娘「スネグーラチカ」。

大人気の冬のペンギン。

Как создать пальчиковых кукол

ターニャは小さい細い棒針を4本使って、編んでいきますが、ここではかぎ針1本でコマ編みで編み上げる方法を考えました。手軽に指人形を作って、楽しんでいただけたらと思います。

材料と道具

Материалы и инструменты

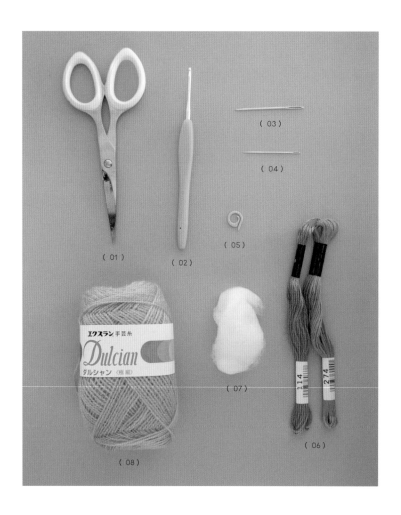

（01）手芸用ハサミ （02）かぎ針：2／0号 （03）毛糸とじ針 （04）刺しゅう針 （05）段目リング
（06）刺繡糸：ルシアン、コスモ （07）化繊綿 （08）毛糸：ダルマ、ダルシャン極細
毛糸：全てダルマのダルシャン、刺繡糸：ルシアンのコスモ（銀色以外）を使用。

みんな大好きチェブラーシカ

Все любят Чебрашку

茶色の毛糸（21番）

肌色のフェルト

肌色の刺繍糸（103番）

黒の刺繍糸（600番）

白の刺繍糸（100番）

赤の刺繍糸（800番）

化繊綿

頭（1枚）

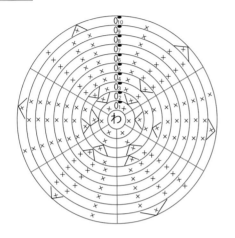

- ● 引き抜き編み
- 0 立ち目
- × コマ編み
- ／＼ 増し目
- ／＼ 減らし目

段	目数	目数の増減
10	12	6目減
9	18	
8	18	増減なし
7	18	
6	18	
5	18	
4	18	毎段4目増
3	14	
2	10	
1	6	輪の中に6目

胴体（1枚）

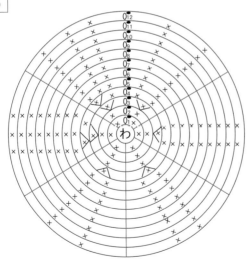

段	目数	目数の増減
12	14	増減なし
11	14	
10	14	
9	14	
8	14	
7	14	
6	14	
5	14	
4	14	毎段4目増
3	10	
2	6	輪の中に6目
1	6	

手（2枚）

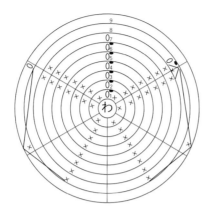

段	目数	目数の増減
9	2	
8	4	毎段2目減
7	6	
6	6	
5	6	
4	6	増減なし
3	6	
2	6	
1	6	輪の中に6目

足（2枚）

この2目ずつ引き抜き編みをして閉じる

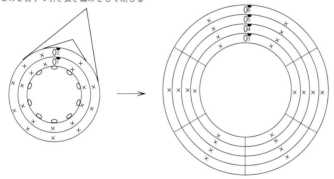

段	目数	目数の増減
6	6	
5	6	増減なし
4	6	
3	6	靴先2目分引き抜き編み
2	10	増減なし
1	10	くさり編みで輪

顔・お腹

耳（2枚）

段	目数	目数の増減
3	24	12目増
2	12	6目増
1	6	輪の中に6目

A. 耳を作る。

中心に輪を作り、輪から円を描くように編んでいく。耳は同じものを2つ作る。

人差し指に糸をかけ、中指に糸を巻きつけて輪を作る。

人差し指に糸をかけたまま、中指と親指で輪を持ち、輪の中からかぎ針で糸を引っ掛ける。

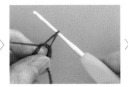

その糸を引き出す。

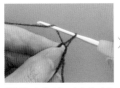

引き出した糸はそのままで、また糸を引っ掛ける。

③の糸から引き出して、くさり編みを作り、立ち目にする。

そこから輪にかぎ針を入れてコマ編みを作っていく。

コマ編みで6目編む。

1段目ができました。

かぎ針の入っていた穴は縮まないように押さえて、元の糸端を引いて輪を縮める。

引き締めたところ。

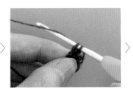

1段目を輪にする。1段目の立ち目に針を入れ、引き抜き編みをする。

2段目に一つくさり編みをして立ち目にする。

2段目の立ち目に段目リングをつける。2段目は1段目の一つのコマに2つずつ、コマ編みを編んでいく。12目編む。

12目編んだら、最後のところで立ち目と引き抜き編みをして、円にする。

3段目も立ち目をして同じように、一つのコマに2つずつコマ編みを編んでいく。24目編む。

出来上がったら、糸を切り、円の部分を引っ張る。頭に付けるときの綴じ糸になるので、10cmくらい残しておく。

B. 頭を作る。

頭の先から輪を作り、耳と同じ要領で、目の数は編み図を参照して作る。

頭部分ができました。

C. 顔とお腹を作る。

フェルトのサイズ
顔：縦2cm、横2.5cmくら
いのだ円。
お腹：縦1.5cm、横1.5cm
くらいのだ円の半分。

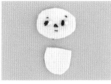

フェルトを適当な大きさと形に切
る。刺繍糸で顔のパーツを刺繍す
る。

D. 胴体を作る。

胴体は首の方から輪を作
り、降りて行く感じで作
る。この部分に指を入れ
るので、作りたい太さを考
え、調節して目数を増減
する。

E. 手を作る。

手の先から輪を作り、腕
の付け根に上がっていく
感じで編む。手は同じも
のを2つ作る。

輪から筒に7段目まで編む。

胴体に付ける部分をセーターの袖の
ように減らし目をする。8段目、9段
目を減らし目をする。この2段は、
輪にせずに折り返して2段編む。

F. 足を作る。

足は、足の裏から編んでいく。
くさり編みで土台を作り、
上に上がっていく感じで。
足は同じものを2つ作る。

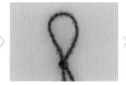

くさり目の最初の輪を作る。

輪にかぎ針を通し、糸を引っ掛け
る。

引っ掛けた糸を引き出す。

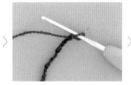

このまま10目くさりを編む。

最初の目にかぎ針を通す。

引き抜き編みをして、輪にする。

輪になったところ。

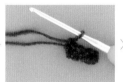

立ち目を作り、1目に1コマずつ
編んでいく。2段目も同じように編
む。

1目目と10目目を引き抜き編みを
する。爪先を作る。

2目目と9目目を引き抜き編みに
する。

3目目のところから立ち目を作り、
残り6目分コマ編みを作り立ち上
げる。

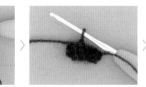

立ち目のところに段目リングを付けると分かりやすい。

6目ずつで輪に4段編む。足の形になった。

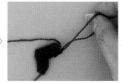

糸を切り、輪を引っ張って終わる。この糸も綴じ糸に使うので、10cmくらいの長さを残しておく。

最初のくさり編みの端に出ている糸にとじ針を通して、足の裏を綴じていく。

端から1目目と10目目を綴じ、2目目と9目目を綴じ、という風に足の裏を綴じる。

順番に綴じる。

足の出来上がり。

G. それぞれのパーツを綴じていく。

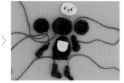

全てのパーツができました。

お腹のフェルトを胴体に刺繍糸で縫い付ける。

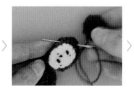

顔のフェルトを頭に縫い付ける。2つの耳も頭の横に綴じていく。

頭に綿を入れる。

頭と胴体を綴じる。手と足も綴じる。足は爪先が前に来るように綴じるとかわいい。

出来上がり。

ウサギの女の子

Девочка-кролик

白い毛糸（25番）

オレンジの毛糸（28番）

薄い緑の毛糸（5番）

薄紫の毛糸（10番）

ピンクの毛糸（33番）

ネックレス用のビーズ

赤の刺しゅう糸（800番）

青の刺しゅう糸（2024番）

化繊綿

※段に色の指定がないところは、白色の毛糸で編む。

頭（1枚）

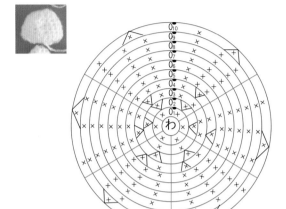

● 引き抜き編み
0 立ち目
× コマ編み
⋌ 増し目
⋏ 減らし目

段	目数	目数の増減
10	12	6目減
9	18	
8	18	増減なし
7	18	
6	18	
5	18	
4	18	毎段4目増
3	14	
2	10	
1	6	輪の中に6目

胴体（1枚）

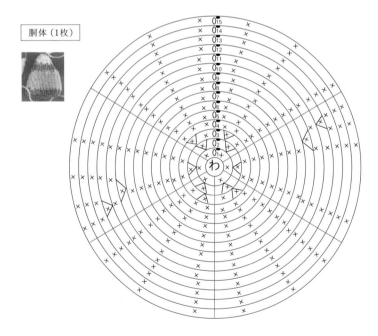

段	目数	目数の増減
15	20	増減なし
14	20	
13	20	
12	20	
11	18	
10	18	徐々に目を増す
9	16	
8	16	
7	16	
6	16	
5	16	
4	16	
3	16	4目増
2	12	6目増
1	6	輪の中に6目

手（2枚）

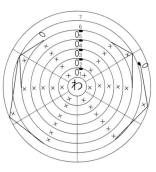

段	目数	目数の増減
7	2	
6	4	毎段2目減
5	6	
4	6	
3	6	増減なし
2	6	
1	6	輪の中に6目

足（2枚）

この2目ずつ引き抜き編みをして閉じる

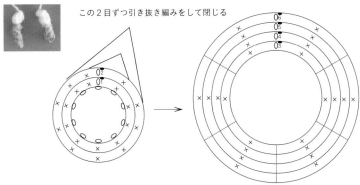

段	目数	目数の増減
6	6	
5	6	増減なし
4	6	
3	6	靴先2目分引き抜き編み
2	10	増減なし
1	10	くさり編みで輪

耳（2枚）

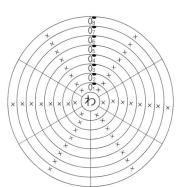

段	目数	目数の増減
8	6	
7	6	
6	6	
5	6	増減なし
4	6	
3	6	
2	6	
1	6	輪の中に6目

口もと（1枚）

段	目数	目数の増減
2	12	6目増
1	6	輪の中に6目

※P52の「チェブラーシカ」を参考に編みましょう。

1.頭と耳、口もとを編む。

2.口もとに鼻と口を刺繍する。

3.耳の中を刺繍する。耳と口もとを頭に縫い付けて、頭に綿を入れる。

4.手と足、胴体を編む。胴体に手と足を縫い付ける。足は胴体の前側に爪先を前にして付ける。

5・6.頭と胴体を縫い付ける。スカートのストラップを刺繍する。ストラップは後ろ側をバッテンにするとかわいい。ネックレスを作って首に巻く。

スケート靴をはいたネコ

кот на коньках（фигурист）

グレーの毛糸（41番）

白の毛糸（25番）

ピンクの毛糸（33番）

黒の毛糸（24番）

薄いピンクの刺繍糸（352番）

白の刺繍糸（100番）

赤の刺繍糸（800番）

青の刺繍糸（2024番）

銀色の刺繍糸（DMC 25 E168）

化繊綿

頭（1枚）

※段に色の指定がないところは、グレーの毛糸で編む（口もと以外）。

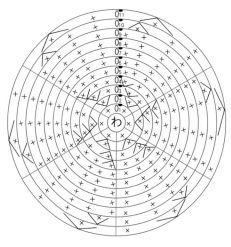

● 引き抜き編み
0 立ち目
× コマ編み
⋎ 増し目
⋏ 減らし目

段	目数	目数の増減
11	12	毎段6目減
10	18	
9	24	
8	24	増減なし
7	24	
6	24	
5	24	
4	24	毎段6目増
3	18	
2	12	
1	6	輪の中に6目

胴体（1枚）

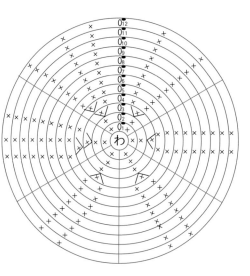

段	目数	目数の増減
12	14	
11	14	
10	14	
9	14	増減なし
8	14	
7	14	
6	14	
5	14	
4	14	毎段4目増
3	10	
2	6	輪の中に6目
1	6	

マフラー（1枚）

4目くさり編みで立ち目ひとつで32段くらい

口もと（1枚）

段	目数	目数の増減
4	18	増減なし
3	18	毎段6目増
2	12	
1	6	輪の中に6目

耳（2枚）

段	目数	目数の増減
3	9	増減なし
2	9	3目増
1	6	輪の中に6目

手（2枚）

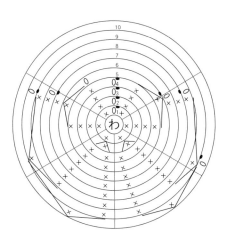

段	目数	目数の増減
10	2	
9	4	毎段2目減
8	6	
7	6	増減なし
6	6	
5	6	2目減
4	8	増減なし
3	8	
2	8	2目増
1	6	輪の中に6目

足（2枚）

この2目ずつ引き抜き編みをして閉じる

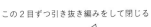
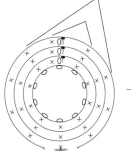
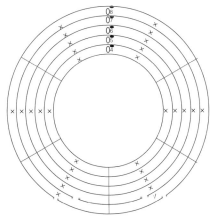

段	目数	目数の増減
8	6	増減なし
7	6	
6	6	
5	6	
4	6	靴先2目分引き抜き編み
3	10	増減なし
2	10	
1	10	くさり編みで輪

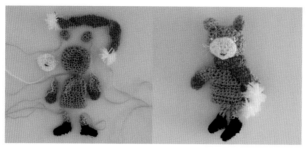

※P52「チェブラーシカ」を参考に編みましょう。

1.頭と口もとと耳を編み、口もとに鼻と口を刺繍し、銀色の刺繍糸でヒゲを付ける。

2.頭に耳と口もとを縫い付け、バランスをみながら目を刺繍する。白目を刺繍してから、その上に青色で黒目を付ける。

3.手を編む。手袋のところはピンクで、腕はグレーで。

4.足を編む。まずは黒で靴から編んでいく。くさり編みで輪を作る。

5.立ち上げて筒を作るように2段編む。

6.爪先の部分を作るために爪先から引き抜き編みを2目ずつする。

7・8.残った6目で靴を筒に編んでいく。まず立ち目をして6目をコマ編みでひろい、6目を立ち目と引き抜き編みをする。

9・10.グレーに色を変えて、足を筒に編んでいく。

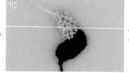

11〜13.スケート靴を履いているように、底を銀色の刺繍糸で閉じていく。靴の底が輪になっているので、それを爪先からぺたんと閉じて足の形にする。

14・15.マフラーを編む。ピンクで細長く編み、両端に白い毛糸で作ったポンポンを付けるとかわいい。

16.胴体を編んで、手と足を胴体に縫い付ける。足は体の前にくるように、爪先が前を向くように付ける。

サロペットのコヤギ

Комбинезон козла

クリーム色の毛糸（8番）

青の毛糸（27番）

黒の毛糸（24番）

ピンクの毛糸（ツノ用）（4番）

黒の刺繍糸（600番）

化繊綿

頭（1枚）

※段に色の指定がないところは、クリーム色の毛糸で編む。

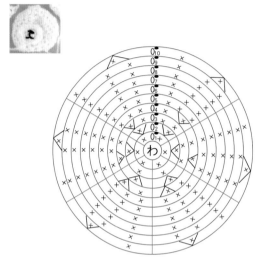

●	引き抜き編み
0	立ち目
×	コマ編み
⋎	増し目
⋏	減らし目

段	目数	目数の増減
10	12	6目減
9	18	
8	18	増減なし
7	18	
6	18	
5	18	
4	18	毎段4目増
3	14	
2	10	
1	6	輪の中に6目

胴体（1枚）

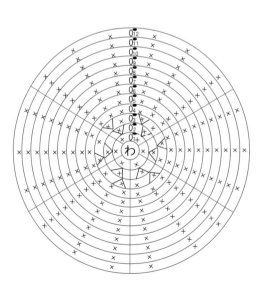

段	目数	目数の増減
12	18	
11	18	
10	18	
9	18	
8	18	
7	18	増減なし
6	18	
5	18	
4	18	
3	18	毎段6目増
2	12	
1	6	輪の中に6目

耳（2枚）

4目くさり編みで立ち目ひとつで5段

手（2枚）

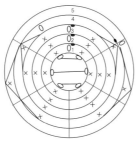

輪を折りたたんで
・1目減らし目をして引き抜き編み。
・残り2目は引き抜き編みをする。

段	目数	目数の増減
5	2	毎段2目減
4	4	
3	6	増減なし
2	6	
1	6	くさり編みで輪
-1	3	3目分1目ずつ引き抜き

1～5段を編んでから-1段を編む。

足（2枚）

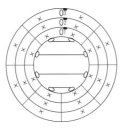

輪を折りたたんで
・1目減らし目をして引き抜き編み。
・残り2目は引き抜き編みをする。

段	目数	目数の増減
3	8	増減なし
2	8	
1	8	くさり編みで輪
-1	3	3目分1目ずつ引き抜き
-2	3	増減なし
-3	3	増減なし

1～3段を編んでから-1～-3段を編む。

口もと（1枚）

段	目数	目数の増減
2	12	6目増
1	6	輪の中に6目

※P52「チェブラーシカ」を参考に編みましょう。

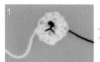

1.口もとを編んで鼻と口を刺繍する。

2・3.頭を編んで、口もとを頭に縫い付ける。

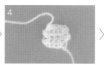

4～6.耳を2つ編んで、バランスを考えて頭に縫い付ける。耳を付ける部分は少しギャザーをよせる感じで絞って縫い付ける。

7.バランスを考えて目を刺繍する。

8.バランスを見ながらピンクの毛糸でツノを刺繍する。頭に綿を入れる。

9.手を編む。まずは段数表を参考にプラスの部分から筒に編む。上の手の付け根の部分は、減らし目をして編む。

10.次に手の段数表のマイナス部分を編む。黒い毛糸で輪になっているところを閉じていく感じで引き抜き編みをする。

11.手の出来上がり。これを2つ編む。

12.足を編む。段数表のプラス部分から水色でズボン部分を筒に編む。

13.段数表のマイナス部分を白でズボンの口を閉じ合わせるように、引き抜き編みをする。ヒヅメ部分を黒色に糸を変えて編む。

14.足の出来上がり。これを2つ編む。

15.胴体を編む。白で輪を作って指が入るように編んでいく。

16.ズボン部分を水色に色を変えて編む。

17.胴体の出来上がり。

18・19.綿の入った頭と胴体を縫い付ける。

20.手を胴体に付ける。減らし目をして斜めになっている方を胴体に縫い付ける。

21.足を胴体に縫い付ける。胴体の前側に足が付くように。

22.サスペンダーを刺繍する。水色の毛糸でチェーンステッチで刺繍する。

23.背中の部分も続けてする。

帽子をかぶったコブタ

Поросёнок в шляпе

肌色の毛糸（42番）	ピンクの刺しゅう糸（114番）
黄色の毛糸（29番）	緑の刺しゅう糸（274番）
黄緑色の毛糸（35番）	赤の刺しゅう糸（800番）
黒の毛糸（24番）	黒の刺しゅう糸（600番）
ピンクの毛糸（33番）	化繊綿

頭（1枚）

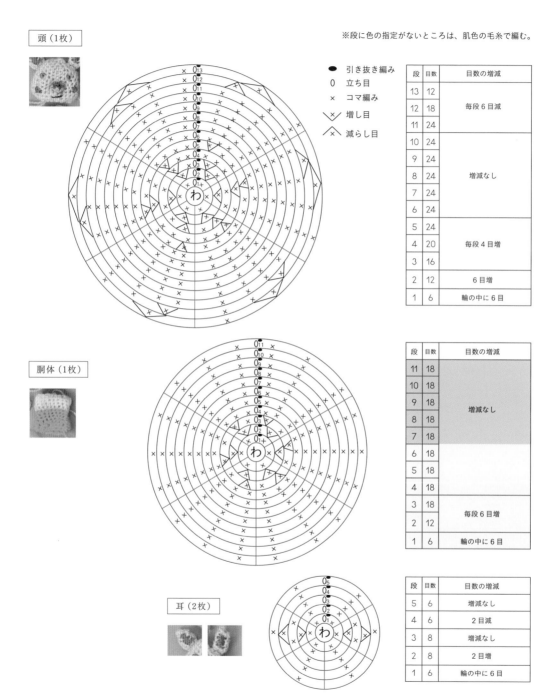

※段に色の指定がないところは、肌色の毛糸で編む。

● 引き抜き編み
0 立ち目
× コマ編み
⋏ 増し目
⋏ 減らし目

段	目数	目数の増減
13	12	毎段6目減
12	18	
11	24	
10	24	増減なし
9	24	
8	24	
7	24	
6	24	
5	24	毎段4目増
4	20	
3	16	
2	12	6目増
1	6	輪の中に6目

胴体（1枚）

段	目数	目数の増減
11	18	増減なし
10	18	
9	18	
8	18	
7	18	
6	18	
5	18	
4	18	
3	18	毎段6目増
2	12	
1	6	輪の中に6目

耳（2枚）

段	目数	目数の増減
5	6	増減なし
4	6	2目減
3	8	増減なし
2	8	2目増
1	6	輪の中に6目

手（2枚）

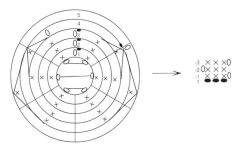

段	目数	目数の増減
5	2	毎段2目減
4	4	
3	6	増減なし
2	6	
1	6	くさり編みで輪
-1	3	3目分1目ずつ引き抜き
-2	3	増減なし
-3	3	

足（2枚）

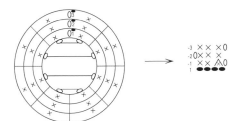

段	目数	目数の増減
3	8	増減なし
2	8	
1	8	くさり編みで輪
-1	3	3目分1目ずつ引き抜き
-2	3	増減なし
-3	3	増減なし

帽子（1枚）

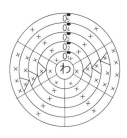

段	目数	目数の増減
5	12	増減なし
4	12	毎段2目増
3	10	
2	8	
1	6	輪の中に6目

鼻（1枚）

段	目数	目数の増減
3	6	増減なし
2	6	
1	6	輪の中に6目

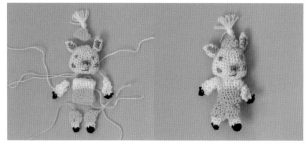

※P52の「チェブラーシカ」を参考に編みましょう。

1.顔と鼻、耳、帽子を編む。 〉 2.鼻の先の部分に鼻の穴を刺繍する。 〉 3.耳の中をピンクで刺繍する。 〉 4.顔に耳と鼻をつけて、バランスを考えて、目、ほっぺ、口を刺繍する。 〉 5.帽子の先に黄色い毛糸でボンボンを付けるとかわいい。帽子を頭に縫い付ける。

6・7.手を編む。まず段数表のプラス部分から編む。くさり編みを編んで、輪を作る。

8.くさり編みの輪から立ち上げて、筒を作る。

9.胴体に付けるところをセーターの袖のように減らし目をして編む。ここは輪に編まず、折り返して編む。

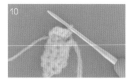 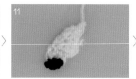 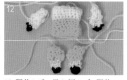 

10.段数表のマイナス部分を編む。肌色で黄色い袖の筒を閉じる感じで引き抜き編みをする。

11.黒に色を変えて、ヒヅメを編む。

12.胴体と手、足を編んで、胴体に手と足を縫い付ける。足は体の前側に付ける。

13.顔に綿を入れて、胴体と縫い付ける。

14.サスペンダーを刺繍する。後ろはバッテンにするとかわいい。

リンゴとハリネズミ

Яблоко и Ёжи

ベージュの毛糸（36番）

赤の毛糸（19番）

黒の毛糸（24番）

黒の刺繍糸（600番）

赤の刺繍糸（800番）

起毛した生地（ボア生地）

体（1枚）

このまま目を増減せずに 20 段まで編む。

※段に色の指定がないところは、ベージュの毛糸で編む。

⚫	引き抜き編み	
0	立ち目	
×	コマ編み	
⋉	増し目	
⋏	減らし目	

段	目数	目数の増減
20	18	
〜	〜	
12	18	増減なし
11	18	
10	18	
9	18	
8	18	
7	18	
6	18	
5	18	
4	18	
3	18	毎段 6 目増
2	12	
1	6	輪の中に 6 目

鼻（1枚）

段	目数	目数の増減
4	6	
3	6	増減なし
2	6	
1	6	輪の中に 6 目

帽子（1枚）

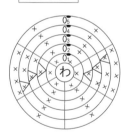

段	目数	目数の増減
5	12	増減なし
4	12	
3	10	毎段 2 目増
2	8	
1	6	輪の中に 6 目

手（2枚）

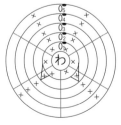

段	目数	目数の増減
5	4	
4	4	増減なし
3	4	
2	4	
1	6	輪の中に 6 目

足（2枚）

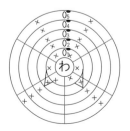

段	目数	目数の増減
5	4	
4	4	
3	4	増減なし
2	4	
1	6	輪の中に 6 目

リンゴ（1枚）

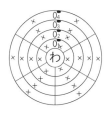

段	目数	目数の増減
4	6	
3	6	増減なし
2	6	
1	6	輪の中に6目

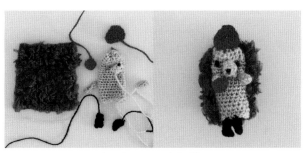

※P52の「チェブラーシカ」を参考に編みましょう。

1.鼻を編み、鼻と口を刺繍する。

2.体を編んで、体に1.の鼻を付けて、バランスをみて目を付ける。

3.帽子とリンゴと手と足を編む。片手にリンゴを付ける。

4.手と足を体に縫い付ける。足は体の前側に付ける。

5.ボアを適当な大きさに切り、背中に縫い付ける。

6.帽子を縫い付けて出来上がり。

発想豊かでかわいいターニャとマーシャとロシアの優しい人々、
そして日本の皆さまに感謝申し上げます。
皆さまの毎日がラブリーでキラキラしたものでありますように。

井岡 美保　　Miho Ioka

古い町並みの残る奈良町でカフェ「カナカナ」と「ボリクコーヒー」を夫と営む。
かわいいものと旅への好奇心と探究心は尽きることなく、年数回ロシア・ヨーロッパ
を中心に雑貨ハンティングへ出かける。著書に『かわいいロシアのAtoZ』(青幻
舎)、『ロシアと雑貨』(WAVE出版)、『カナカナのかわいいロシアに出会う旅』
『カナカナのかわいい東欧に出会う旅』(産業編集センター) などがある。

ロシアの可愛い指人形
2021年2月16日　第一刷発行

著者	井岡 美保
撮影・編み図	井岡 美保
協力	タチアナ・ヴィクトロヴナ・ゴトフチェンコ (Готовченко Татьяна Викторовна)
	プティツィーナ＝マリヤ＝ゲンナジェブナ (Птицына Мария Геннадьевна)
デザイン	白石 哲也 (Fält)
編集	福永 恵子 (産業編集センター)
発行	株式会社産業編集センター
	〒112-0011東京都文京区千石4-39-17
	TEL 03-5395-6133
	FAX 03-5395-5320
印刷製本	株式会社シナノパブリッシングプレス